THÈSE

POUR LA LICENCE.

FACULTÉ DE DROIT DE TOULOUSE.

THÈSE

POUR LA LICENCE,

En exécution de l'art. 4, tit. 2 de la Loi du 22 ventôse an XII.

SOUTENUE

Par M. FERRADOU (André-François-Joseph-Alexis),

Né à Toulouse (Haute-Garonne).

JUS ROMANUM.

LOCATI CONDUCTI.

Dig., lib. 19, tit. 2. — Inst. Just., lib. 3, tit. 24.

Secunda species contractuum, qui solo consensu perficiuntur, est locatio conductio.

Locatio conductio est contractus, juris gentium, nominatus, bonæ fidei, solo consensu perfectus, quo id agitur ut pro usu alicujus rei aut opera certæ personæ certa merces præstetur. Magnam affinitatem habet hic contractus cum emptione et venditione, et iisdem regulis juris consistit. Conveniunt emptio venditio et locatio conductio :

1

1° In eo quod locatio et conductio sit contractus ultro citroque obligatarius sicut emptio et venditio ;

2° Ita ut perfecta est emptio venditio, si de pretio convenerit, ita quoque perfecta est locatio conductio si de mercede convenerit. Uno verbo hæc dicenda sunt : hinc emitur rei usus, illinc plena possessio.

Iuter emptionem venditionem et locationem conductionem tam magna effici potest ac existit comparatio, ut præclarissimi homines romani auctores de triplici eventu in quo utrum esset emptio venditio vel contra locatio conductio judicare difficillimum videretur mentionem faciunt.

De raro eventu loquitur Gaius quem silet in Institutis Justinianus, quia obliti jam erant tales usus.

Affert Justinianus aliud exemplum in quo de aurificis opere agitur. Si annulos aureos ex aurifice qui materiam ex qua facti sunt annuli ipse præbet, quidam accipit, existit tunc emptio venditio. Si contra aurifici materia præbetur, solummodo tunc locatio conductio est.

Eventus qui hic proponitur est contractus emphyteuticus. Hic est talis : Dominus prædium suum alicui habendum et fruendum in perpetuum tradidit, certa pensione in singulos annos constituta, ea lege, ut quamdiu pensio domino solveretur, tamdiu neque ipsi colono, neque iis qui in locum ejus succederunt prædium afferre possit. Dixeris hic esse venditionem si spectes id quod agitur de re transferenda; rursum dixeris esse locationem, quia verum et directum dominium penes concedentem manet. Gaius locationem conductionem esse dicebat, nam hic reperitur hujus contractus proprium signum, quum dominium retinet locator, vectigale recepto. Sed Zeno hanc disputationem sustulit, voluitque hujusmodi conventionem propriam esse speciem contractus ab emptione et locatione distinctam.

Locator est ille qui dat aliquid utendum vel faciendum sub mercede certæ pecuniæ. Conductor vero ille qui certam pecuniam accipit.

Duo sunt locationis conductionis genera : Locatio rerum, locatio deinde operarum. Locatæ res, mobiles vel immobiles esse possunt. Rerum immobilium locatio in rusticorum fundorum ac urbanorum locatione distribui debet. Hinc vocatur inquilinus conductor, illinc illum colonum nominant.

In locatione rerum sive mobilium sive immobilium, partes quas in utraque agunt locator conductorque variæ sunt; hoc non ita accidit in operarum locatione conductione, in qua locatoris conductorisque titulus non solum dari potest artifici, sed adhuc illi de quo utile ad rem perficiendam; conductor enim operis faciendi artifex est, locator quoque industriæ, ita ille qui opus faciendum imperat locator operis est faciendi, subinde industriæ conductor est. Quamvis tenue hoc discrimen verum est.

Locari possunt res omnes quæ in commercio sunt, tam mobiles quam soli, etiam incorporales ut ususfructus et habitatio; servitutis tamen prædii nulla locatio est. Alienæ quoque rei locationem valere placet dum bona fide præditus sit locator. Sed hactenus ut conductori ignoranti locator obligetur in id, quod interest si dominus conductorem frui non patiatur.

In emptione et venditione, post Proculi acceptam sententiam, certum esse debebat pretium. Idem hoc est in locatione conductione. Si nummaria non esset merces, locatio conductio non fuisset hic contractus, verum species contractus innominati ex quo actio præscriptis verbis competit. Exemplum affert Justinianus : vicini duo, bovem uterque habentes, illos conjungunt, ut jugum ita factum cujusque agrum vicissim aratro subvertat. Si apud unum bos alterius perierit, tunc competit actio, neque locati, quia merces non intervenit, neque commodati, quia placuit mutuum usum præstari, et commodatum debet esse gratuitum; verum contractus innominati species est.

Quod de nummaria mercede constituta jam diximus, contra legem vigesimam et unam libri Codicis de locato conducto repugnare videtur; de lege, quæ mercedem oleariam futuram esse dicit, loquimur; sed illius exceptio est, quæ principium quod attulimus valide confirmat. Olearia autem merces non esse potest, nisi in campo qui conducitur frondescat oliva.

Quod adhuc aliam habet exceptionem principium, cum partiario colono facto conductore, fructuum partem percipit locator. Potius hoc est societatis genus inter rei dominum colonumque partiarium factæ; materiam affert unus, laborem ac manuum vires alter.

In locatione conductione certa esse debet merces. Si incerta esset, nullus fuisset contractus; unde in arbitrium unius e contrahentibus mercedis definitio conferri non potest, ne sit in potestate locatoris aut conductoris an debeat nec ne; sed tamen ex Justiniani constitutione, mercedis definitio in arbitrium tertiæ personæ collata valet; sed si tertia hæc persona noluerit mercedem definire vel non potuerit, si forte jam mortua sit, tunc locatio nulla est quasi nulla mercede constituta.

Duas præstationes mutuas ponens locatio conductio, mutuas quoque actiones duas necessarie parire debet, scilicet : actionem locati, locatori ; actionem conducti, conductori, vel colono, vel inquilino. Locati actio conductorem cogit : ad mercedis pretium solvendum ; ad rem ipsam reddendam, transacto quo conducta res fuit contractus tempore, nam rei dominum possessoremque nunquam aliquem efficit sola locatio conductio ; conductorem tandem cogit locati actio ad omnia quæ illi contractus lege hominumque usu sunt imperata facienda.

Secundum culparum præstationum generalia principia, conductor de culpa solummodo levi in abstracto tenetur, et non tanquam diligentissimus paterfamilias, ut hoc confirmare videtur Gaius his verbis (L. 25, ff § 7 locati conducti). Hæc autem verba adversus legem 21 ff de diversis regulis juris ac legem 5, § 2 commodati vel contra quæ valde rationaliores sunt ; nam cum utriusque personæ interest contractus, non tantam vigilantiam præbere debet conductor quantam præberet si ex rei conservatione solus utilitatem ac beneficium perciperet. Ita ad commodatorem attinet culpa levis in concreto ; adque conductorem attinet solummodo culpa levis in abstracto.

Concessa conductori actio conducti est quæ locatorem cogit ad omnia pro quibus fidem obligavit suam facienda.

Ex lege 12 ff, in quibus causis pignus vel hypotheca tacite contrahitur, fructus quas producebat ager pensionum mercedis pignus naturale erant ; sed non ita erat de fructibus alienis quos in dominio afferebat colonus. Ac ejusdem tituli lex altera, de urbanis possessionibus dicens, locatorem taciti pignoris jus ex mobilibus rebus ab inquilino in ædibus allatis percepturum esse probat.

Pignoris hoc jus non solum pensionum solutionem, sed adhuc variarum obligationum quibus subditum esse præbere debebat conductor, executionem spectabat. Tale beneficium domino fundi rustici concessum, introductæ realis hypothecariæ actionis causa fuit. Prætor quidem Servius, ut res mobiles hypothecæ affectæ inter alienas partes perquiri possent, sustinuit ; quæ sententia juri antecessionis quod jam valebat perquisitionis, jus addit.

CODE NAPOLÉON.

DE LA PREUVE DES OBLIGATIONS ET DE CELLE DU PAYEMENT.

Art. 1315 à 1366, C. Nap.

La loi sanctionne toutes les obligations qui dérivent des conventions et tous les actes libératoires de ces obligations; mais il faut pour cela qu'on prouve ce qu'on allègue.

On appelle preuves les manières réglées par la loi pour découvrir et pour établir avec certitude la vérité d'un fait contesté.

Le Code reconnait cinq manières d'établir les obligations et leur payement:

La preuve littérale;

La preuve testimoniale;

Les présomptions;

L'aveu ou la confession des parties;

Leur serment.

SECTION PREMIÈRE.

DE LA PREUVE LITTÉRALE.

La preuve littérale est celle qui résulte des écrits authentiques ou privés des parties ou de l'une d'elles.

Il en est de plusieurs sortes :

Les actes authentiques;

Les actes sous signature ordinaire;

Les tailles qui forment aussi une espèce de preuve littérale;

Les copies de titres;

Enfin, les actes récognitifs et confirmatifs.

§ Ier. *Du Titre authentique.*

D'après l'art. 1317, l'acte authentique est celui qui a été reçu par officiers

2

publics ayant le droit d'instrumenter dans le lieu où l'acte a été rédigé, et avec les solennités requises.

On peut, en général, distinguer quatre sortes d'actes authentiques, savoir :

1° Les actes législatifs et ceux qui émanent du pouvoir exécutif ou du Gouvernement ;

2° Les actes judiciaires ;

3° Les actes administratifs qui émanent de chefs et préposés des différentes administrations ;

4° Enfin, les actes notariés.

Ce sont principalement ces derniers actes dont s'occupe le Code dans les art. 1317 et suivants. Pourvu que les actes authentiques soient conformes aux dispositions prescrites par la loi du 25 ventôse an XI, ils font foi de ce qu'ils contiennent, c'est-à-dire, que la justice ni la force publique ne peuvent en méconnaître l'autorité, et les tribunaux ne peuvent se dispenser d'en ordonner l'exécution, comme si c'était une véritable loi. L'acte authentique fait même foi de ce qui n'y est exprimé qu'en termes énonciatifs, pourvu que ces énonciations se rattachent à la disposition. Quant aux énonciations étrangères à la disposition, elles ne pourraient servir que d'un commencement de preuve par écrit.

Cet acte authentique fait foi entre les parties contractantes et leurs héritiers ou ayants cause : quant à l'égard des tiers, il fait également foi, non pas à l'effet de les obliger, mais en ce sens qu'il prouve l'existence de la convention.

On ne peut s'opposer à l'exécution d'un tel acte que par la plainte en faux principal, et par l'inscription de faux faite incidemment. Dans le premier cas, l'exécution de l'acte argué de faux sera suspendue par la mise en accusation ; et, dans le second, les tribunaux pourront, suivant les circonstances, suspendre provisoirement l'exécution de l'acte. Ces deux cas exceptés, l'exécution d'un acte authentique ne peut être suspendue, pas même par la plainte de dol et de fraude, quelle que soit la gravité de la présomption, et même des preuves invoquées ou offertes. Il ne peut être anéanti que par un jugement passé en force de chose jugée.

Pour des raisons particulières, les parties dérogent quelquefois, par un acte séparé et secret pendant un certain temps, aux conventions consignées dans un acte authentique. Cet acte se nomme contre-lettre, pour signifier qu'il est contraire à la convention littérale à laquelle il déroge. Ces deux actes séparés n'en forment néanmoins qu'un seul, dans le fond , puisque l'exécution de l'un et de l'autre doit se faire en les combinant.

Ces contre-lettres, qui ont toujours été vues avec défaveur, ne produisent d'effet qu'entre les parties elles-mêmes ou leurs héritiers. Elles n'en produisent aucun contre les personnes qui y sont étrangères; car c'est un moyen propre à les tromper.

§ II. *De l'Acte sous seing privé.*

On comprend sous le nom d'acte sous seing privé, toute écriture privée opérant obligation ou décharge. On distingue les actes sous seing privé proprement dits, des écritures vulgairement appelées informes, telles que les registres des marchands et les papiers domestiques.

1° *Actes sous seing privé proprement dits.* — Ces actes sont ceux qui sont passés entre les parties, sans le ministère d'un officier public. D'après l'article 1322, l'acte sous seing privé, reconnu par celui à qui on l'oppose, ou légalement tenu pour tel, a, entre ceux qui l'ont souscrit et entre leurs héritiers ou ayants cause, la même foi que l'acte authentique.

Le Code civil ne prescrit, en général, aucune formalité particulière pour les actes sous seing privé, sauf les exceptions déterminées ci-après. Ainsi, il n'exige ni la mention du lieu où ils ont été passés, ni même qu'ils soient datés, à moins que le Code ne le prescrive pour certaines matières , comme pour le testament olographe et pour les lettres de change, billets à ordre, etc. , etc.

Des formalités particulières sont prescrites pour les conventions synallagmatiques. Dans ce cas, les actes sous seing privé ne sont valables qu'autant qu'ils ont été faits en autant d'originaux qu'il y a de parties ayant un intérêt distinct. On a voulu par cette disposition que chacun des contractants, dans les conventions synallagmatiques, pût avoir le moyen de contraindre l'autre à l'exécution de la convention, ce qu'il n'aurait pu faire s'il n'avait eu de titre exécutoire. Il faut de plus qu'il soit fait mention, sur chaque original, du nombre d'originaux qui ont été faits; cette formalité est exigée pour éviter que la partie qui ne voudrait pas exécuter les conventions, ne prétendit, en supprimant son double, que l'acte n'a pas été fait en autant d'originaux qu'il y avait de parties ayant un intérêt distinct, et soutint ainsi que, n'ayant aucun moyen de contraindre l'autre partie à l'exécution de la convention, elle ne doit pas elle-même y être contrainte ; mais lorsqu'elle a rempli son engagement, elle est non recevable à opposer le défaut de mention du nombre d'originaux qui ont été faits, car elle a démontré par là qu'elle était suffisamment liée. Il semble que la rigueur de la loi doit recevoir une exception lorsque l'original d'un acte sous seing privé est déposé entre les mains d'un tiers ; car ici la raison de la loi n'a plus d'influence.

Si les formalités voulues par la loi ne sont pas accomplies, l'acte sera nul, en ce sens que ce n'est pas une preuve juridique de la convention, mais que ce sera toujours un commencement de preuve par écrit, qui pourra être complété par tous les moyens que le juge croira nécessaires pour s'éclairer.

Des conventions synallagmatiques la loi passe aux promesses sous seing privé, par lesquelles une partie s'engage envers l'autre à lui payer une somme d'argent ou une chose appréciable. On exige, dans ce cas, que l'acte signé de la partie soit écrit de sa main, ou que, tout au moins, il y ait, avant sa signature, un bon ou un approuvé écrit de sa main, portant, en toutes lettres, la somme ou la quantité de la chose. On a voulu éviter par là toute fraude ou surprise qui pourrait facilement se commettre, soit par l'abus d'un blanc-seing, confié pour mandat ou autre cause, ou d'une signature trouvée par hasard. Prenant en considération l'ignorance de certaines personnes, la loi a voulu les favoriser en faisant une exception en leur faveur. Lorsque la somme exprimée au corps de l'acte est différente de celle exprimée au bon, dans ce doute, la somme moindre est celle qui est due, à moins qu'on ne prouve d'où vient l'erreur ; pour cela on admet toutes sortes de preuves.

L'acte sous seing privé par lui-même n'est pas exécutoire de plein droit ; il faut recourir à la justice pour en obtenir l'exécution. Là deux circonstances peuvent se présenter : ou bien le défendeur ne conteste ni le corps de l'acte ni sa signature, alors le demandeur obtient un jugement qui lui permet de poursuivre l'exécution de l'engagement ; ou bien le défendeur désavoue sa signature, et alors le juge ordonne une vérification d'écriture. Cette vérification est un moyen de certifier la vérité de l'écriture contestée ; elle a lieu par une expertise, qui admet toutes sortes de preuves propres à éclairer l'esprit des juges.

Lorsque le titre a été vérifié et reconnu pour vrai, le jugement qui tiendra cet acte pour vrai, le mettra-t-il à l'abri de l'inscription de faux? Non, car ces deux voies de procédure sont différentes; ce n'est pas le même but que l'on se propose. Dans la première, on prouve que c'est l'écriture de la partie; dans la seconde, la partie prouve que son écriture est fausse.

L'acte sous seing privé reconnu est un contrat authentique pour les héritiers ou ayants cause, de sorte qu'ils ne peuvent attaquer ni la sincérité, ni la contrefaçon, ni la contredate, tandis que cet acte n'a de force, à l'égard des tiers, qu'autant qu'il a une date certaine. La loi a voulu les prémunir d'une fraude trop facile, l'antidate.

On entend par ayants cause, soit les héritiers et les successeurs irréguliers qui ne sont pas des héritiers proprements dits, soit ceux qui représentent le souscripteur de l'acte *in re certa*, pour chose déterminée : l'échangiste à l'égard de celui qui fait échange, le mandataire à l'égard du mandant. Un tiers au contraire est celui qui est étranger à la convention intervenue entre deux personnes, et qui n'est point tenu, comme héritier ou successeur de l'une ou de l'autre de ces personnes, à quelqu'autre titre, des engagements de cette personne.

Les actes ont date certaine du jour où ils ont été enregistrés, ou du jour de la mort de celui ou de ceux qui les ont souscrits, ou du jour où leur substance a été constatée dans des actes dressés par des officiers publics, tels que procès-verbaux de scellé ou d'inventaire. Dans cette énumération, le Code semble être limitatif; plusieurs auteurs ont pensé néanmoins qu'il ne devait pas en être ainsi, et que la raison de la loi devait être appliquée toutes les fois qu'il est physiquement impossible d'antidater ou de signer un acte. On cite pour exemple : une personne qui, après avoir signé un acte, est subitement paralysée des deux bras, ou même, si l'on veut, a les deux bras emportés dans un engagement militaire; il est évident qu'alors l'acte a une date certaine de ce jour. Ce cas suffit pour prouver que la loi n'est qu'énonciative, malgré l'opinion contraire de M. Duranthon.

2° *Ecriture privée ou informe.* — Le Code parle d'abord des registres des marchands. Ils font foi entre négociants correspondants pour faits de commerce, et non entre les tiers non négociants, car personne ne peut se faire un titre à soi-même. On peut aussi les invoquer contre les marchands; mais celui qui veut en tirer avantage, ne peut les diviser en ce qu'ils ont

3

de contraire à ses prétentions, d'après cette maxime des docteurs : *fides scripturæ est indivisibilis.*

Il en est de même des papiers domestiques; ils font foi, non contre les tiers, mais seulement contre ceux qui les ont écrits, toutes les fois qu'ils énoncent formellement un payement reçu, ou qu'ils contiennent la mention expresse que la note a été faite pour suppléer le défaut du titre en faveur de celui au profit duquel ils énoncent une obligation. Viennent enfin, comme écriture privée, les inscriptions au dos ou à la marge d'un titre ou d'une quittance. Cette inscription sur un titre qui est toujours resté en la possession du créancier fait foi, quoique non signée ni datée par lui, lorsqu'elle tend à établir la libération du débiteur. Cette écriture peut se trouver sur un titre authentique, sur la grosse ou première expédition, comme sur un titre sous seing privé. Il en est de même de l'écriture mise par le créancier au dos, ou en marge, ou à la suite du double d'un titre, d'une quittance, pourvu que ce double soit entre les mains du débiteur.

§ III. *Des Tailles.*

On appelle taille, un morceau de bois fendu en deux, et sur les deux parties duquel, rapprochées l'une de l'autre, on fait des signes ou coches pour constater la quantité des marchandises livrées par les fournisseurs aux consommateurs; l'une des deux parties, appelée *taille*, reste en la possession du marchand; celui qui reçoit la marchandise garde l'autre partie, qu'on nomme *échantillon :* c'est une sorte de preuve littérale, dont font usage principalement les boulangers et les bouchers.

Les tailles corrélatives à leurs échantillons font foi entre les personnes qui sont dans l'usage de constater ainsi les fournitures qu'elles font ou reçoivent en détail. Si le défendeur nie avoir reçu la fourniture et ne représente pas son échantillon, la taille produite par le demandenr ne peut évidemment pas plus faire preuve que ne le feraient ses propres registres, puisqu'on ne peut se faire un titre à soi-même.

§ IV. *Des copies des titres.*

On peut diviser les copies des titres en quatre classes :

1º Les grosses ou premières expéditions. On peut leur assimiler les copies qui ont été tirées par l'autorité du magistrat, parties présentes ou dûment appelées, et celles qui ont été tirées en présence des parties et de leur consentement réciproque. Elles font même foi que l'original.

2° Les copies qui, sans l'autorisation du magistrat et sans le consentement des parties et depuis la délivrance des grosses ou premières expéditions auraient été tirées sur la minute de l'acte par le notaire qui l'a reçu ou par l'un de ses successeurs ou par officiers publics. En cas de perte de l'original, ces copies font foi quand elles sont anciennes. Elles ne sont anciennes qu'après trente ans, parce qu'alors on ne peut pas raisonnablement supposer que le créancier se soit préparé si longtemps à l'avance, et dans la prévoyance de la perte du titre original, un moyen d'augmenter les obligations du débiteur. Si ces copies n'ont pas trente ans de date, elles ne peuvent servir que de commencement de preuve par écrit, que la preuve testimoniale pourra compléter. Mais comme ici, après trente ans, cette preuve sera rarement possible, le juge pourra se déterminer aussi par le concours de présomptions graves, précises et concordantes.

3° Les copies de la troisième espèce sont celles qui ont été tirées sur la minute de l'acte, non par le notaire qui l'a reçu ou par l'un de ses successeurs ou officiers publics qui, en cette qualité, étaient dépositaires des minutes; ces copies, quelle que soit leur ancienneté, ne peuvent servir que de commencement de preuve par écrit. Par ces mots, *quelle que soit leur ancienneté*, on ne veut pas dire qu'elles ont leur effet dans le cas où elles auraient moins de trente ans de date, car ce serait leur attribuer la même force et valeur que celles qui ont été délivrées par des officiers qui avaient qualité pour le faire.

4° Viennent enfin les copies de copies; suivant les circonstances, elles peuvent être considérées comme simples renseignements.

Une règle commune à toutes ces copies, c'est que, lorsque le titre original subsiste, elles ne font foi que de ce qui est contenu au titre dont la représentation peut toujours être exigée.

§ V. *Des actes récognitifs et confirmatifs.*

Un acte récognitif est celui que le débiteur d'une rente ou autre redevance annuelle donne au créancier en reconnaissance du droit, afin d'empêcher la prescription. On l'oppose au titre primordial qui est le premier acte passé entre les parties. Il y a deux sortes d'actes récognitifs, ceux dans lesquels la teneur du titre primordial est spécialement relatée, que Dumoulin et Pothier appellent actes récognitifs *ex forma speciali ;* et ceux où la substance seule du titre est mentionnée et reconnue, que ces auteurs nomment : actes récognitifs *ex forma communi.*

Dans le premier cas, que le titre récognitif soit ancien ou non, le créancier peut s'en référer à ce titre, encore qu'il fût seul et qu'il n'eût qu'un an de date, sans être obligé de représenter le titre primordial. Toutefois cela n'empêcherait pas le débiteur de le représenter et de s'y référer si les clauses de ce titre contenaient quelque chose qui lui fût avantageux. Ce que le titre récognitif contient de différent n'a aucun effet, quoique la teneur du titre primordial y soit spécialement relatée, et que cet acte ait plus de trente ans de date.

Les actes confirmatifs sont ceux par lesquels on donne de la force à un acte précédent qui en était dépourvu, ou qui n'en avait pas une pleine et entière.

Trois conditions sont requises pour la validité de l'acte de confirmation expresse d'une obligation : 1º qu'on y trouve la substance de l'obligation ; 2º la mention du motif de l'action en rescision ; 3º l'intention de réparer le vice sur lequel cette action est fondée.

La première condition, la relation de la substance de l'obligation, est requise pour faire connaître l'obligation qu'il s'agit de confirmer. On exige la mention du motif de l'action en rescision, afin qu'il soit constant que le vice du contrat ou de l'obligation a été connu de celui qui confirme. Enfin, comme troisième condition, le Code exige que l'intention de réparer le vice sur lequel est ou pourrait être fondée l'action en rescision, soit exprimée, car c'est en cela que consiste proprement la substance de la confirmation.

Indépendamment des ratifications ou confirmations expresses, le Code, dans l'art. 1338, parle d'une ratification implicite. On peut manifester sa volonté, non-seulement par des paroles et des écrits, mais encore par des faits ou des actions, pourvu que ces faits et ces actions soient tels qu'on puisse en conclure avec certitude que telle était l'intention de leur auteur. C'est en se basant sur ces principes que la loi veut que l'exécution volontaire d'une obligation conventionnelle, susceptible d'être attaquée par voie de nullité ou de rescision, en soit considérée comme la confirmation ou la ratification.

SECTION II.

DE LA PREUVE TESTIMONIALE.

La preuve par témoins, dans les matières civiles, consiste dans l'audition, en justice, de personnes qui sont appelées pour déclarer ce qu'elles savent d'un fait avoué par l'une des parties et contesté par l'autre.

Le Droit romain admettait cette preuve à quelque valeur que s'élevât l'objet du litige ou le montant de la cause, tant dans les actions réelles que dans les actions personnelles, aussi bien dans les matières civiles que dans les matières criminelles. Mais la corruption des mœurs, produisant de fréquents exemples de subornation, donna lieu à l'ordonnance de Moulins, en l'année 1566, art. 64, qui ne permettait la preuve par témoins que pour les choses n'excédant pas la somme ou valeur de cent livres ; cette disposition fut développée et même étendue par l'ordonnance de 1667, titre 20, art. 2. Enfin, le Code civil a confirmé ces dispositions ; seulement il a porté à 150 francs la somme qui était d'abord de 100 livres.

La règle générale en cette matière se trouve dans l'art. 1341, d'où il résulte que lorsqu'il s'agit d'une somme ou valeur excédant 150 francs, et qu'on a pu se procurer une preuve écrite, on n'est pas admis à la preuve par témoins.

Cette règle générale est applicable au cas où l'action contient, outre la demande du capital, une demande d'intérêts qui, réunis au capital, excèdent la somme de 150 francs ; cette décision ne doit pas s'appliquer aux intérêts judiciaires ou moratoires, car le créancier ne doit pas souffrir de ce que l'affaire reste plus ou moins de temps en suspens, peut-être par la faute du débiteur. Celui qui forme une demande excédant 150 francs, ne peut plus être admis à la preuve testimoniale, même en restreignant sa demande primitive ; la loi veut punir le créancier qui n'a pas passé d'acte pour cette obligation ; il a couru les chances de la bonne foi, il faut qu'il en subisse les conséquences. C'est pour le même motif que la preuve testimoniale ne peut être admise, sur la demande d'une somme même moindre de 150 fr., lorsqu'elle est déclarée être le restant ou faire partie d'une créance plus forte qui n'est point prouvée par écrit.

4

Si, dans la même instance, une partie fait plusieurs demandes dont il n'y ait point de titre par écrit, et que, jointes ensemble, elles excèdent la somme de 150 francs, la preuve par témoins ne peut être admise, encore que la partie allègue que ces créances proviennent de différentes causes et qu'elles se soient formées en différents temps, si ce n'était que ces droits procédassent par succession, donation ou autrement, de différentes personnes. Afin que les dispositions précédentes soient plus exactement observées, l'art. 1346 porte que toutes les demandes, à quelque titre que ce soit, qui ne seraient pas entièrement justifiées par écrit, seront formées par un seul et même exploit, après lequel les autres demandes dont il n'y aura point de preuves par écrit ne seront pas reçues. On a voulu empêcher qu'un homme de mauvaise foi n'obtînt, à l'aide de la preuve testimoniale, et par des demandes successives, une forte somme qu'il diviserait par parties.

La règle générale que la preuve par témoins n'est pas admissible pour une valeur excédant 150 francs, reçoit plusieurs exceptions.

1° En matière de commerce. L'art. 1341 dit : le tout sans préjudice de ce qui est prescrit dans les lois relatives au commerce. On fonde cette exception sur l'impossibilité ou l'extrême difficulté de se procurer, en plusieurs cas, une preuve littérale dans les affaires de commerce.

2° Lorsqu'il y a un commencement de preuve par écrit. On appelle ainsi tout acte par écrit qui est émané de celui contre lequel la demande est formée, ou de celui qu'il représente, et qui rend vraisemblable le fait allégué. S'il émanait d'un tiers ou du demandeur lui-même, il ne prouverait rien ; ce serait tout au plus, dans le premier cas, le témoignage d'un tiers rendu sans les garanties exigées par la loi ; et dans le second cas, ce serait moins encore, attendu qu'une personne ne peut se faire un titre à elle-même. Cependant les art. 1320, 1335 et 1336 offrent des exemples d'actes qui peuvent servir de commencement de preuve par écrit, quoiqu'ils n'émanent pas de celui à qui on les oppose ni de son auteur. Ce ne sont que des cas d'exception.

3° Lorsqu'il n'a pas été possible au créancier de se procurer une preuve littérale de l'obligation qui a été contractée envers lui, ou qu'il a perdu, par un cas fortuit, celle qu'il avait. Le mot *possible*, employé par la loi, doit être pris dans un sens relatif et conforme aux mœurs communes. L'art. 1348 cite plusieurs cas dans lesquels il a été impossible de se procurer une preuve littérale. Mais on ne doit pas entendre cet article dans un sens limitatif, car en dehors de ces cas on peut en citer d'autres; le Code ne saurait les prévoir tous.

SECTION III.

DES PRÉSOMPTIONS.

Les présomptions sont des conséquences que la loi ou le juge tire d'un fait certain pour connaître la vérité d'un fait dont on n'a pas la preuve. Les présomptions ne sont pas des preuves; mais elles en tiennent lieu dans les cas prévus par la loi, et elles peuvent les remplacer dans ceux où la loi permet aux juges de se décider par leur secours.

Sous le rapport de leurs causes et de leurs effets, les présomptions sont de deux sortes : celles qui sont établies par la loi et celles qui sont abandonnées aux lumières et à la prudence des magistrats.

I. Présomptions légales. Ce sont celles que la loi elle-même, par une disposition spéciale, a attachées à certains actes ou à certains faits prévus par elle. Quant aux effets qu'elles produisent, elles sont de deux sortes : les unes qui n'admettent pas la preuve contraire, appelées *juris* et *de jure*; les autres qui l'admettent, *juris tantum*.

Les présomptions légales s'appliquent : 1º aux actes que la loi déclare nuls, comme présumés faits en fraude de ses dispositions, d'après leur seule qualité. Telles sont les libéralités faites par actes entre-vifs ou par testament, aux père et mère, aux enfants et descendants, ou au conjoint d'une personne incapable de recevoir du donateur ou testateur. La loi les déclare nulles, car elle présume qu'elles ont été faites au profit de l'incapable lui-même, par le moyen de l'une de ces personnes qu'elle suppose avoir été interposées pour recevoir le don et le lui remettre. On trouverait encore d'autres cas dans les art. 1100 Cod. Nap., et 444 Cod. Com., et dans beaucoup d'autres textes qu'il serait trop long d'énumérer ici.

2º La présomption légale s'applique aussi aux cas dans lesquels la loi déclare la propriété ou la libération résulter de certaines circonstances déterminées. On peut citer pour exemples, les cas des art. 654, 666 et 670 Cod. Nap.; on en rencontre d'autres dans les art. 223, 2231, 2279, etc.

3º La présomption légale la plus importante est celle que la loi attache à l'autorité de la chose jugée. Cette présomption est basée sur ce que la chose décidée par le jugement est vraie. Pour que l'autorité de la chose jugée ait lieu, il faut le concours de plusieurs circonstances.

1re Condition : Le jugement opposé ne doit pas être susceptible d'être réformé par les voies ordinaires, et il faut aussi qu'il n'ait point été réformé par aucune voie extraordinaire ; d'où il suit que le jugement provisoire, et à plus forte raison le jugement préparatoire, ne peuvent jamais être considérés comme ayant acquis l'autorité de la chose jugée ; quant aux jugements interlocutoires, ils peuvent acquérir l'autorité de la chose jugée si la partie y acquiesce, ou n'en appelle pas dans les délais.

2e Condition : Que la chose demandée soit la même que celle sur laquelle a été rendu le jugement ; mais pour que la chose doive être considérée comme la même, il n'est pas nécessaire qu'elle se trouve absolument dans le même état que celui où elle était lors de la première demande. Cette règle s'applique, soit que la chose demandée d'abord consiste en un corps certain, ou en une quantité, ou en un droit.

3e Condition : Que la demande soit formée sur la même cause. Il suit de là que si on a demandé une somme de 1000 fr., par exemple, à titre de dépôt, et qu'on ait succombé, rien n'empêchera de demander encore la même somme, comme étant due pour vente, loyers, etc.

4e Condition : Que la demande soit formée entre les mêmes parties, agissant dans les mêmes qualités ; car la chose n'est présumée la vérité, qu'entre ceux qui ont été parties au jugement. Il faut aussi que les mêmes parties agissent dans les mêmes qualités ; ainsi une personne en qualité de tuteur, intente une action ; elle est repoussée ; rien ne l'empêchera d'agir en son nom, et son action pourra être accueillie.

II. Indépendamment des présomptions légales, il en existe d'autres qui ne sont pas établies par la loi, et qui sont abandonnées à la sagesse du magistrat. Toutes les fois que la preuve testimoniale est admissible, le juge peut se décider par le secours de ces présomptions, ce qui veut dire que les présomptions seront admises, non-seulement lorsque l'objet de la contestation excédera 150 fr., mais encore lorsqu'il y aura un commencement de preuve par écrit, ou qu'il n'aura pas été possible à la partie de se procurer une preuve littérale.

Les présomptions doivent être graves, précises et concordantes ; l'appréciation de leur caractère est évidemment dans le domaine du juge , dont la décision à cet égard pourrait bien être réformée en appel comme un *mal jugé*, mais qui serait à l'abri de la censure de la Cour de cassation.

Pour être grave, une présomption doit reposer sur un fait connu, dont le magistrat ait à tirer le fait inconnu.

Une présomption ne serait pas précise, si elle était vague et susceptible de s'appliquer à plusieurs circonstances, et de faire naître ainsi des conjectures diverses.

Enfin , les présomptions concordantes sont celles qui reposent sur des faits qui ont du rapport entre eux.

SECTION IV.

DE L'AVEU DE LA PARTIE.

L'aveu est la déclaration par laquelle une partie reconnaît le droit ou l'exception de l'autre, ou quelque fait qui s'y rapporte. L'aveu qui est opposé à une partie est de deux sortes : l'aveu extrajudiciaire ; l'aveu fait en justice.

1° Aveu extrajudiciaire. — C'est celui qui a lieu hors justice, soit dans une conversation, soit par lettres missives, soit dans quelque acte qui n'aurait pas pour objet de servir de preuve du fait maintenant contesté.

L'allégation d'un aveu extrajudiciaire purement verbal, peut avoir lieu toutes les fois que la preuve testimoniale est admissible, soit que la somme n'excède pas 150 fr. , soit qu'on se trouve dans un des cas d'exception énumérés par l'art. 1348. Pour que l'aveu fasse preuve , il faut que celui qui l'a fait , fût alors capable de s'obliger pour l'objet auquel se rapporte l'aveu. L'aveu tacite a le même effet que l'aveu formel : ainsi le payement que fait une personne est un aveu de la dette.

2° Aveu judiciaire. — Il consiste dans la déclaration que fait en justice la partie ou son fondé de pouvoirs spécial. Il peut avoir lieu ou par des actes de procédure signifiés dans le cas de l'instance , ou à l'audience par la partie elle-même ou son fondé de pouvoirs spécial , ou enfin dans un interrogatoire sur faits et articles.

L'aveu fait par celui qui avait capacité à cet effet, fait pleine foi contre lui ou contre la personne qui le représente. Dès cet instant, l'aveu est assimilé à l'autorité de la chose jugée.

Mais s'il est de principe que l'aveu fait foi contre celui qui avoue, il est de principe aussi qu'il ne peut être divisé contre lui ; il doit être pris ou rejeté en son entier, en matière civile et commerciale. Il n'en est pas de même dans les matières criminelles, où le jury et les juges doivent démêler dans les réponses de l'accusé ou des prévenus, ce qui leur paraît conforme à la vérité, et rejeter les allégations qui leur paraissent mensongères.

L'aveu ne peut être révoqué à moins qu'on ne prouve qu'il a été la suite d'une erreur de fait ; l'erreur de droit ne pourrait produire cet effet.

On a pensé que, pour que l'aveu judiciaire eût toute sa force, il fallait qu'il fût fait en présence de la partie adverse ou de son fondé de pouvoirs. Cependant plusieurs auteurs pensent que, dans ce cas, l'aveu a toute sa force, si le juge l'a fait constater par le greffier, et si, en outre, la partie absente l'a ensuite accepté.

SECTION V.

DU SERMENT.

Le serment judiciaire peut être défini : un acte tout à la fois civil et religieux, par lequel une partie, en justice, prend Dieu à témoin de la vérité de ce qu'elle affirme. C'est une ressource que la loi offre à celui qui manque de preuves ou qui n'en a que d'incomplètes.

Considéré d'après la personne qui le défère, le serment est de deux sortes : 1° celui que l'une des parties défère à l'autre pour en faire dépendre la décision de la cause, et que, pour cette raison, on appelle serment *décisoire ;* 2° et celui qui est déféré par le magistrat à l'une des parties, en vertu de son pouvoir, dans les cas prévus par la loi, soit pour compléter la preuve, soit simplement pour déterminer le montant de la condamnation.

§ Ier. *Du serment décisoire.*

Le serment décisoire a l'effet d'une transaction, et l'autorité de la chose jugée en dernier ressort ; car la partie qui le défère prend son adversaire pour juge de la contestation, et se soumet d'avance à ce qu'il déclarera sous la foi du serment. Il peut être déféré sur quelque espèce de contestation que ce soit. Ainsi, il peut l'être sur le pétitoire et sur le possessoire, dans les actions réelles et dans les actions personnelles, sur les exceptions et sur les demandes.

Cette règle générale reçoit cependant quelques exceptions. Ainsi il ne peut être déféré en matière de séparation de corps ni sur les demandes en payement de l'une de ces dettes de jeu pour lesquelles la loi n'accorde point d'action. Il ne peut être déféré que sur un fait personnel à la partie à laquelle on le défère. Cependant l'art. 2275 cite un cas où le serment est déféré, non pas sur le fait lui-même, mais sur le point de savoir si celui à qui on le défère n'en a pas connaissance. Il peut être déféré en tout état de cause, encore qu'il n'existe aucun commencement de preuve de la demande ou de l'exception sur laquelle il est provoqué. Il peut être déféré en appel aussi bien qu'en première instance. Si celui auquel le serment est légalement déféré, refuse ou ne consent pas à le référer, il doit succomber dans sa demande ou son exception ; comme aussi lorsque le serment déféré ou référé a été fait, l'adversaire n'est plus recevable à en prouver la fausseté ; seulement l'art. 366 du Code pénal prononce la peine de la dégradation civique contre celui qui a fait un faux serment, et la partie lésée peut se porter partie civile dans le procès criminel.

Comme l'autorité de la chose jugée, le serment prêté ou remis ne forme preuve qu'au profit de celui qui l'a prêté ou auquel il a été remis, et de ses héritiers et ayants cause. Le serment déféré par l'un des créanciers solidaires au débiteur, ne libère celui-ci que pour la part de ce créancier ; mais le serment déféré par le débiteur à l'un des créanciers profitera aux autres. Le serment déféré au débiteur principal libère les cautions, etc.

§ II. *Du serment déféré d'office.*

Le juge peut lui-même déférer le serment à l'une des parties pour en faire dépendre la décision de la cause, ou bien seulement pour déterminer le montant de la condamnation.

Pour que le juge puisse régulièrement déférer le serment à l'une des parties pour en faire dépendre la décision de la cause, il faut le concours de trois circonstances :

1° Que la demande ou l'exception ne soit pas pleinement justifiée ;

2° Que la demande ou l'exception ne soit pas totalement dénuée de preuves;

3° Enfin, que le juge ne défère pas le serment au commencement de l'affaire, mais après un examen préalable des preuves faites de part et d'autre, afin d'estimer s'il est convenable de le déférer et à laquelle des deux parties il convient de le déférer.

Il y a plusieurs différences entre le serment décisoire et le serment déféré d'office ; celui-ci peut être déféré quoiqu'il n'y ait aucun commencement de preuve de la demande ou de l'exception sur laquelle il est provoqué; et de plus, celui auquel il a été déféré par le juge, ne peut le référer à l'autre partie. Le serment déféré par le juge, sur la valeur de la chose demandée, ne peut l'être que lorsqu'il est d'ailleurs impossible de constater autrement la valeur de la chose demandée ; et c'est au demandeur seul qu'il doit être déféré. Le juge doit même, en ce cas, déterminer une somme jusqu'à concurrence de laquelle le demandeur en sera cru sur son serment. Pour cela, le juge doit prendre en considération la qualité de la personne et les circonstances du fait.

DROIT COMMERCIAL.

DE LA LETTRE DE CHANGE.

DU PROTÊT, DE LA CLAUSE *RETOUR SANS FRAIS.*

Le protêt est un acte destiné à établir, tantôt le défaut d'acceptation, tantôt le défaut de payement. Il est facultatif, lorsqu'il sert à faire constater le défaut d'acceptation; il est nécessaire, lorsqu'il établit le non-payement, sauf conventions contraires.

Nous examinerons quatre points distincts :

1° Qui peut faire le protêt?

2° Dans quel lieu faut-il le faire?

3° Par quels officiers ministériels et dans quelle forme doit-il être fait, et quels sont les vices qui l'infectent?

4° De la clause *Retour sans frais.*

§ Ier. *A la requête de qui doit être fait le protêt?*

Il est naturel que tout porteur de la lettre de change ait le droit de faire constater le refus de payement par le protêt. On a refusé au simple détenteur de la lettre de change qui agit dans les intérêts du véritable porteur, le droit de faire protester à sa propre requête, d'après cette maxime banale du palais : que nul en France ne plaide par procureur. En présence de la gravité de l'acte lui-même, nous repoussons cette doctrine; car notre Droit n'est pas formaliste. D'ailleurs, le protêt n'est pas un acte de poursuite, c'est un simple acte qui constate seulement que le papier n'a pas été libéré.

D'ailleurs, les divers articles qui exigent le protêt en cas de refus d'acceptation ou de payement, ne parlent que du porteur, terme général qu'on peut indistinctement appliquer au propriétaire et au porteur par commission.

§ II. *Dans quels lieux doit être fait le protêt?*

L'officier instrumentaire doit se présenter à celui sur qui la lettre est tirée, soit qu'il ait accepté ou qu'il ait refusé de le faire. Dans le premier cas, on doit protester au domicile qu'avait cette personne lors de l'acceptation; dans le second, c'est à celui qu'il avait lorsque la lettre a été tirée. Si le tiré dans son acceptation avait indiqué un lieu de payement autre que celui de sa résidence, c'est à ce domicile indiqué que le protêt doit être fait. On dit aussi quelquefois que la traite est domiciliée; cela veut dire que la traite tirée sur Paris, par exemple, n'est payable qu'au Havre. Le tireur a le droit de domicilier une traite; quant au tiré, on a décidé que si le porteur la laissait domicilier par ce dernier, il fallait s'y conformer. La loi suppose que quelquefois on ne sait pas le domicile du tiré, ou bien qu'il ne s'y trouve pas; l'huissier dans ce cas fera un acte de perquisition qu'il mettra en tête de son protêt. Il en serait de même si la lettre de change indiquait un lieu inconnu ou dont le nom serait commun à d'autres lieux.

Lorsque la lettre de change a été acceptée par un tiers intervenant, il faut, indépendamment du protêt contre celui sur qui elle était originairement tirée, faire protester au domicile de ce tiers; car celui-ci tient la place de l'accepteur; il en a contracté toutes les obligations.

Le protêt doit aussi être fait au domicile des personnes indiquées par la lettre de change, pour la payer *au besoin*. On appelle cela vulgairement le domicile du besoin. La Cour de Cassation a permis au tireur seul d'indiquer un domicile du besoin. Cette jurisprudence, qui d'ailleurs est opposée à celle des tribunaux de commerce, ne paraît pas être en harmonie avec les termes mêmes de la loi; car l'art. 173, Cod. comm., loin de les défendre, parle du domicile des personnes désignées pour payer la lettre de change au besoin. Or la lettre de change se compose du corps du titre et des endossements. Permettre aux endosseurs le droit d'indiquer des besoins, continue la Cour suprême, c'est leur donner le droit de changer la nature de leurs obligations, et d'aggraver par ce moyen la condition des parties. On ne comprend pas comment cette indication peut altérer la nature du contrat, car c'est le dernier porteur qui est tenu de faire protester chez les divers besoins indiqués. Or, quand il a pris la lettre de change, il l'a prise avec toutes les indications mises par les endosseurs précédents; il connaissait donc, en prenant ce titre, la valeur de son obligation.

§ III. *Par quels officiers ministériels et dans quelle forme doit-il être fait, et quels sont les vices qui l'infectent?*

Le protêt doit être fait par deux notaires, ou par un notaire et deux témoins, ou par un huissier et deux témoins ; ce qui confirme l'opinion émise plus haut que le protêt n'est point un acte de poursuite que les notaires ne peuvent valablement rédiger.

Le protêt faute de payement doit être fait le lendemain du jour de l'échéance, ce jour-là étant en entier accordé pour faire les démarches nécessaires à l'effet d'obtenir le payement à l'amiable. Si le jour où doit être fait le protêt est un dimanche ou une fête légalement autorisée, il le sera le jour suivant.

Le protêt doit contenir les sommations de payer ; la présence ou l'absence de celui qui doit payer ; le motif du refus de payer, et l'impuissance ou le refus de signer. Ces énonciations sont-elles prescrites à peine de nullité? On ne le pense pas, car que veut-on faire en protestant, sinon constater le non-payement ; peu importe dès lors les motifs pour lesquels on ne paie pas. Néanmoins on les énonce dans la pratique par ces mots : Il ne paye pas, disant qu'il n'a ni fonds ni provision.

Lorsque le protêt est valable, il a pour but de procurer le moyen de recourir contre les signataires. Pour cela, il faut qu'ils soient inscrits sur le protêt, afin qu'ils sachent que c'est leur lettre de change qui est en souffrance ; d'où il suit, que ceux qui n'y sont pas portés, sont exempts de tout recours de la part du porteur.

Si le protêt est entaché de nullité, celui à la requête de qui il a été fait pourra invoquer la nullité, et intenter une action en recours contre l'huissier ou le notaire. Refusera-t-on cette action à l'endosseur qui a payé au porteur? Oui, dit-on, car cet huissier et ce notaire ne sont responsables que vis-à-vis de celui qui leur a donné le mandat ; cette doctrine est fausse, car le protêt est fait contre le papier, et tout signataire qui a intérêt peut invoquer cette nullité.

§ IV. *De la clause* Retour sans frais.

Le protêt établit le non-payement envers tous les signataires. Mais comme cet acte est coûteux, et que d'ailleurs il est déshonorant pour ceux dont les obligations ne sont pas couvertes, on insère quelquefois dans la lettre de change la clause : retour sans frais ; ce qui veut dire que le porteur doit renvoyer au tireur la lettre de change sans la faire protester.

Cette clause émane ordinairement du tireur ; quelquefois aussi les endosseurs peuvent l'insérer dans la lettre de change.

Si cette clause émane du tireur, c'est un ordre pour le porteur de ne pas protester, à peine de dommages intérêts ; si au contraire elle émane des endosseurs, ce n'est qu'une simple dispense ; car le tireur seul est déshonoré, si la lettre de change est en souffrance ; lui seul a donc intérêt à ne pas la laisser protester.

Cette clause, retour sans frais, est quelquefois même dangereuse, car pour pouvoir intenter un recours contre les endosseurs, il faut prouver qu'à l'échéance on a présenté la lettre de change au tiré ; or comment pourra-t-on l'établir, si ce n'est par le protêt. Il serait donc quelquefois utile de faire protester même contre le tireur. Cette clause, lorsqu'elle émane du tireur, opère contre tous les signataires ; celle de l'endosseur n'opère qu'entre lui et les endosseurs postérieurs.

Acte de protestation. — Quelquefois on peut être dans l'impossibilité de faire protester ; c'est lorsqu'on a perdu la lettre de change. Dans ce cas, si cela arrivait longtemps avant l'échéance, on pourrait se procurer un autre titre ; mais si le porteur ne s'aperçoit qu'il l'a égarée, qu'au moment de faire protester, la loi lui donne le moyen d'y remédier, en faisant un acte de protestation. Mais avant de le rédiger, il doit obtenir un jugement qui lui accorde le payement de sa lettre de change, si par ses livres et en donnant caution, il justifie de sa propriété. Si on refuse le payement, le propriétaire de la lettre de change perdue conservera tous ses droits, en faisant dresser un acte de protestation, ce qui doit être fait le lendemain de l'échéance. Cet acte doit être notifié aux tireurs et endosseurs dans les formes et délais prescrits pour la notification du protêt.

La loi veut qu'on obtienne l'ordonnance du juge avant de faire dresser l'acte de protestation ; cela paraît difficile, surtout lorsqu'on ne s'aperçoit de la perte que le jour de l'échéance. S'il était nécessaire d'obtenir l'ordonnance du juge auparavant, il pourrait arriver qu'on serait frappé de déchéance, et qu'on perdrait tout recours contre les signataires ; il semble donc que dans ce cas le texte de la loi doive fléchir.

DROIT ADMINISTRATIF.

DE LA COMPÉTENCE ADMINISTRATIVE ET JUDICIAIRE EN CE QUI CONCERNE LES COMMUNES.

La commune est une société de personnes et de familles unies par des relations locales et habituelles qui rendent nécessaires, pour la garantie des intérêts privés et publics, une certaine communauté de droits et de devoirs.

Un décret de l'Assemblée constituante, du 14 décembre 1789, consacre les vrais principes de l'administration municipale, qui sont encore la base de notre législation actuelle. Il établissait : 1º la division rationnelle entre l'Administration active et le Conseil délibérant ; 2º la distinction nécessaire entre les fonctions déléguées au maire par l'Administration de l'Etat et les fonctions propres au pouvoir municipal.

Quatre éléments se réunissent pour former l'ensemble de ce pouvoir municipal : 1º le maire, chargé seul de l'administration, et investi du droit de faire des règlements de police locale ; 2º le Conseil municipal, qui représente les intérêts de la commune, sur lesquels il délibère ; 3º le Préfet, qui est chargé de veiller à l'action régulière du pouvoir municipal ; 4º le Conseil de préfecture et le Conseil d'Etat investis de la puissance de tutelle, pour autoriser ou empêcher l'exercice des actions judiciaires qui concernent les communes.

On peut considérer la commune comme personne morale et civile, et comme société. Nous allons examiner ses droits et ses attributions.

CHAPITRE PREMIER.

DE LA COMMUNE, CONSIDÉRÉE COMME PERSONNE MORALE OU CIVILE.

Comme personne morale, la commune a un domaine public et un domaine privé. Le domaine public municipal est imprescriptible comme le domaine public national ; car il est hors du commerce. La commune possède, à titre de propriétaire, le domaine communal privatif, avec les droits et les attributs de la propriété.

Droit de gestion. Le Conseil municipal peut consentir des baux de neuf ans pour les maisons, et des baux de dix-huit ans pour les biens susceptibles de culture. Pour les baux qui excèdent dix-huit ans, et qu'on appelle emphytéotiques, le décret de décentralisation du 25 mars 1852, tableau A, n° 44, donne au préfet le droit d'autoriser les baux à donner ou à prendre, quelle qu'en soit la durée. De plus, la commune a la libre faculté de faire la répartition des pâturages et fruits des biens communaux. La seule condition pour prendre part à cette répartition, est d'être Français, ayant domicile dans la commune.

Acquisitions, aliénations, échanges. Aujourd'hui le préfet autorise, en Conseil de préfecture, les aliénations, acquisitions et échanges, quelle qu'en soit la valeur. On exige plusieurs formalités préalables aux actes d'acquisition : 1° procès-verbal d'estimation des immeubles ; 2° enquête *de commodo et incommodo* par voie administrative ; 3° délibération du Conseil municipal ; 4° consentement des propriétaires qui veulent vendre ou échanger ; 5° avis du sous-préfet et du préfet.

Partage des biens communaux. Le préfet a aussi le droit d'autoriser les partages des biens communaux. Mais comme ces biens sont non-seulement le patrimoine des pauvres, mais encore des générations futures, le préfet devra rendre compte d'un acte aussi important au ministre, qui pourra user de son droit d'annulation et de réforme.

Acceptation de dons ou legs. L'autorisation du préfet suffit pour l'acceptation de dons et legs de toutes sortes, faits au profit de la commune ; seulement, l'autorisation doit être obtenue par un décret rendu en Conseil d'Etat, lorsqu'il y a réclamation des familles.

Actions judiciaires. — Considérée comme mineure, la commune a besoin de l'autorisation du Conseil de préfecture pour ester en justice, sauf recours au Conseil d'Etat, s'il y a refus.

La commune peut être demanderesse ou défenderesse :

1° Si elle est demanderesse, l'autorisation est nécessaire, quelle que soit la nature, réelle, personnelle ou mobilière de l'action à intenter. Comme administrateur, le maire peut faire, pendant le cours de l'instance, tous actes conservatoires ; mais le maire n'est pas le seul qui puisse intenter les actions des communes. Tout contribuable peut, à ses frais et risques, et après autorisation du Conseil de préfecture, agir au nom de la commune ;

la décision qu'il obtiendra sera celle qu'aurait obtenue la commune; s'il perd, elle perdra aussi; s'il gagne, la commune en profitera. Il en est de même d'une section de commune : si elle intente un procès à un particulier, le maire sera son représentant; mais si le procès est dirigé contre la commune, ou une autre section de commune, le préfet alors nomme une Commission syndicale de trois ou cinq membres, et l'action sera dirigée par un syndic nommé par la Commission.

2º Si la commune est défenderesse, on ne peut intenter contre elle aucune action sans un avertissement préalable, qui consiste dans un mémoire que l'on adresse au préfet, quelle que soit la nature de l'action. Cette autorisation de plaider est exigée à peine de nullité; la commune, comme mineure, peut l'opposer en tout état de cause; la partie adverse ne peut l'opposer, si ce n'est *in limine litis*.

Cette autorisation n'est pas exigée, dans certains cas, pour les litiges devant les tribunaux administratifs, pour les pourvois en cassation, pour les actions possessoires, etc., etc.

Transactions. Malgré que les transactions altèrent quelquefois le patrimoine des communes, le décret du 25 mars 1852 a établi que les transactions sur toutes sortes de biens, quelle qu'en soit la valeur, seraient autorisées par le préfet. L'incertitude de gain ou de perte qui existe ici aurait dû avertir le législateur que l'intervention de la haute tutelle administrative ne serait pas superflue en cette matière, surtout pour les objets immobiliers.

CHAPITRE II.

DE LA COMMUNE, CONSIDÉRÉE COMME SOCIÉTÉ.

Si la commune est une personne morale propriétaire, elle est aussi une société pourvue de tous les éléments de la vie sociale.

Circonscriptions, Adjonctions et Distractions de communes.

Le pouvoir législatif règle, en général, la circonscription des communes. Cette stabilité communale ne peut recevoir d'atteinte que de la part du législateur ou de la volonté de la commune elle-même, d'accord avec les communes voisines, et sanctionnée par le chef de l'Etat.

Budget communal et comptabilité.

Comme toute société, la commune a des dépenses et des recettes.

1° *Dépenses.* — Elles pevent être obligatoires ou facultatives. Les dépenses obligatoires doivent être votées par le Conseil municipal; s'il s'y refusait, le préfet pourrait, par un arrêté rendu en Conseil de préfecture et d'office, les introduire dans le budget; elles peuvent être de plusieurs classes :

Les dépenses qui intéressent essentiellement l'existence extérieure et le service administratif de la commune, telles que l'entretien de la mairie et le traitement des gardes-champêtres, etc.

Les dépenses qui intéressent l'existence morale de la commune, telles que l'indemnité de logement des curés ou desservants; les dépenses qui concernent les relations des communes avec la société générale, telles que les frais de recensement de la population.

Enfin, l'acquittement des dettes exigibles, et, en général, toutes les dépenses mises à la charge des communes par une disposition légale.

Les dépenses facultatives sont toutes les dépenses autres que celles classées comme obligatoires; les dépenses d'établissement et d'entretien des halles, marchés, abattoirs, etc. : elles dépendent entièrement du Conseil municipal; nul n'a le droit de les prescrire à sa place.

2° *Recettes.* — Les recettes ordinaires se composent des revenus des biens communaux, du produit des octrois, du produit des centimes ordinaires affectés aux communes par les lois de finances, de la portion que les lois leur accordent dans le produit des amendes de simple police et de police correctionnelle, et généralement du produit de toutes les taxes de ville et de police que la loi autorise.

Les recettes extraordinaires se composent principalement des contributions extraordinaires et du produit des emprunts.

Le budget de chaque commune, proposé par le maire, et voté par le Conseil municipal, est définitivement arrêté par le préfet, ou par décret du Gouvernement, si les dépenses nécessitent des impositions extraordinaires.

Les recettes et les dépenses sont effectuées par un comptable appelé receveur municipal, qui n'est autre que le percepteur, à moins que le revenu de la commune n'excède 30,000 fr.

Le receveur municipal est chargé seul , mais sous sa responsabilité , de poursuivre la rentrée de tous les revenus de la commune et de toutes les sommes qui lui seraient dues , ainsi que d'acquitter les dépenses ordonnancées par le maire , jusqu'à concurrence de crédits régulièrement accordés.

Pouvoirs et organes de la Commune.

La commune a aussi ses pouvoirs et ses organes avec des attributions déterminées. Ses organes sont le maire et le conseil municipal.

1º *Du Maire.* — Le maire a deux qualités. Il est le délégué du gouvernement et le représentant actif de la commune. Délégué du gouvernement , le maire réunit trois caractères : il est agent de la loi , délégué du pouvoir administratif , et délégué de l'autorité judiciaire.

Agent de la loi , le maire remplit les fonctions d'officier de l'état civil.

Délégué du pouvoir administratif , il est chargé de l'application et de l'exécution des lois et règlements , de l'exécution des mesures de sûreté générale , des fonctions spéciales qui lui sont attribuées par la loi , telles que les fonctions du maire dans l'intérêt de l'ordre.

Délégué de l'autorité judiciaire , le maire peut être officier de police judiciaire , officier du ministère public devant les tribunaux de police dans les communes où il n'y a pas de commissaire de police , juge de police dans les communes qui ne sont pas chefs-lieux de canton ; enfin , le maire peut être juge administratif en matière de contributions indirectes.

Comme représentant la commune , le maire est chargé spécialement , sous la surveillance de l'administration supérieure , de la police municipale , de la police rurale et de la voirie municipale. Il est investi du droit de prendre des arrêtés à l'effet : 1º d'ordonner des mesures locales sur les objets confiés par les lois à sa vigilance et à son autorité ; 2º de publier de nouveau les lois et règlements de police , en rappelant les citoyens à leur observation. Les objets de police confiés à la vigilance et l'autorité des maires , sont énumérés dans le décret du 16 août 1790 , tit. xi , art. 3.

Ces arrêtés de police légalement rendus sont obligatoires pour les citoyens et pour les tribunaux.

Le maire est chargé seul de l'administration active et nomme par conséquent à tous les emplois communaux ; il révoque aussi les titulaires.

2º *Du Conseil municipal.* — Les attributions de ce conseil sont relatives aux différents intérêts de la société communale. Elles comprennent : le droit de règlement sur les objets qui n'intéressent que le présent ; comme les jouissances de fruits , les perceptions de revenus ; le droit de délibération sur les objets qui peuvent engager l'avenir et altérer le patrimoine des communes. Ces délibérations doivent être suivies de la sanction du préfet ou du ministre ou de l'Empereur, et quelquefois du pouvoir législatif ; le droit de contrôle sur les objets qui par leur nature appellent un examen spécial de comptabilité ; le droit de réclamation dans l'intérêt local sur les objets qui touchent aux charges que la commune supporte dans ses relations avec l'État ; enfin , le droit d'avis sur les objets qui intéressent la commune , mais d'une manière plus indirecte.

Les attributions du conseil sont bornées par la nature des choses et par la loi aux intérêts spéciaux de la société communale , et toute délibération de ce conseil portant sur des objets étrangers à ses attributions est nulle de plein droit. Cette nullité est déclarée par le préfet en conseil de préfecture ; seulement le conseil municipal peut en appeler au chef de l'Etat.

Le droit de prononcer la dissolution du conseil municipal appartient à l'Empereur ; il doit être reconstitué dans les trois mois ; dans l'intervalle , on peut nommer une commission provisoire.

Rapports d'intérêts entre les communes.

Les communes limitrophes les unes des autres peuvent avoir des rapports à l'occasion des intérêts qui les concernent. Si des droits ou des biens sont indivis entre deux ou plusieurs communes, ces biens et ces droits sont régis par une commission syndicale de délégués des conseils municipaux ; un syndic nommé par le préfet et choisi parmi les membres qui la composent , la préside. Quant à leurs attributions respectives , ce sont les mêmes que celles des conseils municipaux et des maires pour l'administration des propriétés communales.

Si des travaux intéressent diverses communes , les conseils municipaux délibèrent sur leurs intérêts respectifs et sur la part des dépenses que chaque commune devra supporter. Ces délibérations sont soumises à l'approbation du préfet. En cas de désaccord entre les conseils municipaux , le préfet prononce après avoir pris l'avis du conseil d'arrondissement. Si les communes sont situées dans plusieurs départements , il sera statué par un décret impérial.

Responsabilité communale.

Une société qui a des pouvoirs légalement organisés , doit protection à ses membres et à tous leurs intérêts.

La révolution, en développant la vie et la puissance des communes, a aussi développé le principe de leur responsabilité ; elle rendait la commune responsable ,

1° Du dommage qu'elle aurait pu empêcher dans le sein de son territoire ;

2° De celui causé dans la commune voisine à laquelle elle aurait refusé son assistance. Cette responsabilité était solidaire entre tous les membres de la même commune. Cependant elle peut en être exempte, si elle justifie avoir employé tous les moyens en son pouvoir pour prévenir les rassemblements ou en faire connaître les auteurs, si elle prouve que les auteurs, provocateurs et complices de délit sont étrangers à la commune , et enfin s'il s'agissait d'une attaque contre le gouvernement.

La commune est responsable envers les victimes de l'attroupement, leurs veuves et leurs enfants. La poursuite en matière de responsabilité a lieu devant les tribunaux civils ; néanmoins elle est d'ordre public. Les dommages doivent être versés , dans les dix jours, à la caisse du receveur général du département. Ces dommages sont fournis par les vingt plus forts imposés dans la commune , sauf plus tard à répartir ces sommes avancées entre tous les habitants de la commune , d'après le tableau des domiciliés et à raison de leurs facultés respectives.

Cette Thèse sera soutenue le 1ᵉʳ Août 1854.

Vu par le Président de la Thèse ,

DUFOUR.

TOULOUSE , IMPRIMERIE DE JEAN-MATTHIEU DOULADOURE.